Chiara Doran

Have a nice day

GROH

Wenn man sich
einen schönen Tag
machen kann,
sollte man es tun!

a nice day

Heute ist genau der richtige Tag,
um einfach einmal abzutauchen

und das Leben so
richtig zu genießen:

In aller Ruhe schlappmachen,

mit Freunden
gemütlich abhängen,

den anderen **genüsslich** beim
Arbeiten **zuschauen**

und sich derweil
saugut fühlen!

Man lässt sich
neu stylen,

um richtig
trendy
auszusehen.

Ein kurzer **Bodycheck,**

ein wenig Action -
Pfunde runter,
Laune rauf -

das stärkt
die Muckis

und man **fühlt** sich
gleich wieder **topfit.**

Ein Fitness-Kurs mit motivierten Artgenossen

macht noch
mehr Gaudi.

Anschließend ein bisschen Aquapower,

Gemeinschaftssauna

oder ein ausgiebiges Sonnenbad -

und man fühlt sich absolut genial!

Vielleicht
meditiert man
auch lieber

oder schmettert lautstark Lieblingssongs aus Jugendzeiten.

Mit der Freundin quatscht
man mal wieder in Ruhe,

amüsiert sich gemeinsam über
die neusten Skandälchen,

geht zusammen

shoppen

oder hält Ausschau nach
starken Typen.

Vielleicht organisiert man auch
ein waschechtes Männer-Meeting,

wagt einen
kleinen
Flirt,

telefoniert
ausgiebig mit
dem besten
Kumpel

und lädt ihn zu einem
Moviabend ein.

Gemütlich **hängt** man **rum**

und steckt seine Nase
in interessante Dinge.

Oder man träumt von
Sonne, Luft
und Meer

und schmiedet auf der Stelle Urlaubspläne.

Man lässt sich so
richtig verwöhnen,

knuddeln

und noch
mehr knuddeln

und ist total
gut drauf.

Jetzt noch die neuste Beauty-Pflege

und ein paar
köstliche
Gourmet-
häppchen!

Gestärkt
schwingt man
sich auf die
Skates

und macht den **coolsten Typen** Konkurrenz.

Zufrieden mit sich und der Welt

genießt man
das Leben.

What a wonderful day!

a nice day

happy days

Über die Autorin:

Chiara Doran, geboren 1973 in Mailand, verbrachte als Tochter einer Italienerin und eines Deutschen ihre Kindheit teils in Italien, teils in Deutschland. Nach ihrem Abitur studierte sie Romanistik, Publizistik und Literaturwissenschaft in Rom und München. Schon früh begann sie, sich aktiv für den Tierschutz einzusetzen. Seit einigen Jahren arbeitet sie als freie Journalistin und gibt nun mit der Tierbuchreihe »Happy Days« ihr Debüt als Schriftstellerin. Dass sie mit viel Spaß und Humor bei der Sache ist, beweisen diese Bücher auf jeder Seite. Chiara Doran lebt heute mit ihrem Mann und ihrer kleinen Tochter in der Nähe von Berlin.

In ähnlicher Ausstattung gibt es im Groh Verlag aus der Reihe Happy Days die Bücher:

Einfach cool bleiben (ISBN 3-89008-484-2)
Don't worry, be happy (ISBN 3-89008-487-7)
We are best friends (ISBN 3-89008-485-0)
Miss you like crazy (ISBN 3-89008-488-5)
Just do it (ISBN 3-89008-489-3)
Take it easy (ISBN 3-89008-490-7)
Don't work hard, work smart (ISBN 3-89008-784-1)

sowie die Kalender:

Don't worry, be happy
Have a nice year

Idee und Konzept: Groh Verlag.

Grafik: heinz kraxenberger konzept & design, Tanja Reiner
münchen-unterföhring

ISBN 3-89008-486-9

www.groh.de

Bildnachweis:

Titel, Rückseite, S. 1 und 47: Juniors / Oasis Inc.;
S. 3, 8 und 36: IFA / BCI;
S. 4: Michael Deyoung / AGE / Mauritius;
S. 5 und 25: IFA / Frank Krahmer;
S. 6: IFA / Birgit Koch;
S. 7 und 12: Morales / AGE / Mauritius;
S. 9 und 18: Manfred Mothes / f1 online;
S. 10: Régis Cavignaux / BIOS / Okapia;
S. 11: Juniors / R. v. Meurs;
S. 13: Arco / J. & C. Sohns;
S. 14: Kevin Schafer / P. Arnold, Inc. / Okapia;
S. 15: Rosing / Mauritius;
S. 16: Mike Hill / AGE / Mauritius;
S. 17: IFA / Bernhard Volmer;
S. 19: Günter Wamser / f1 online;
S. 20: IFA / Tschanz;
S. 21, 39 und 44: Kevin Schafer / AGE / Mauritius;
S. 22: Arco / W. Bollmann;
S. 23: Frank Stober / f1 online;
S. 24: Carol Buchanan / f1 online;
S. 26, 34 und 35: IFA / Int. Stock;
S. 27: IFA / Ingo Arndt;
S. 28: IFA / Franz Aberham;
S. 29: Arco / P. Wegner;
S. 30: IFA / Frank Lukasseck;
S. 31: IFA / AP & F;
S. 32 und 43: Juniors / H. Schmidbauer;
S. 33: Stock Image / Mauritius;
S. 37: Weyers / Allover / f1 online;
S. 38: IFA / Günther Moosrainer;
S. 40: Juniors / P. Gehlhar;
S. 41: Juniors / S. Born;
S. 42: Juniors / H. Grell;
S. 45: IFA / NHPA.